Angelika Tzschoppe
Lesezeichen - was so alles in Büchern steckt

ANGELIKA TZSCHOPPE 1945 in Oberfranken geboren, lebt in Hollfeld in der Fränkischen Schweiz. Sie ist verheiratet, hat zwei Söhne und drei Enkelkinder. Als Grundschullehrerin hat sie viele Kinder zum Lesen und Schreiben animiert. Seit vielen Jahren ist sie ehrenamtliche Mitarbeiterin in der Stadtbücherei.

Angelika Tzschoppe

**Lesezeichen
und was so alles in Büchern steckt**

Bibliografische Information der Deutschen
Nationalbibliothek
Die Deutsche Nationalbibliothek verzeichnet diese
Publikation in der Deutschen Nationalbiografie,
detaillierte bibliografische Daten sind im Internet über
http://dnbdnb.de abrufbar.

© 2016 Angelika Tzschoppe
Herstellung und Verlag
BoD – Books on Demand, Norderstedt

ISBN 9783741273346

Inhalt

Einleitung 6

Lesezeichen im Internet und bei ebay 9
Virtuelles Lesezeichen-Museum 16
Lesezeichenfunde zu Hause 20
Lesezeichenfunde in Büchereien 27
Selbstgemachte Lesezeichen 39
Glücksmomente 44
Kleine Lesezeichengeschichten 51
Lesezeichenzitate 59

Schluss 62

Lesezeichen

Einleitung

Beim Aufräumen alter Schubladen taucht eine Briefkarte aus dem Jahr 1964 auf. Freund Reinhard von der Jugendfreizeit schreibt. „Ich hoffe, dass dir altem Bücherwurm das Lesezeichen Freude bereitet."
O ja, hat es lange Zeit getan! Ich erinnere mich gut: Ein kleiner hellbrauner Lederstreifen mit dunklem Schmetterlingsmotiv. Die Fransen der einen Seite schnitt ich eines Tages ab, als diese unansehnlich geworden waren. Wo ist es wohl geblieben? Und was ist wohl aus Reinhard geworden?
Vielleicht finde ich das Lesezeichen beim Bücherabstauben. Ist ja schon lange fällig. Leider nicht, aber dafür jede Menge anderer alter und neuer Lesezeichen, die zwischen den Buchseiten stecken. Dazu Zettel und Notizen. Ich sammle alles in einer Schachtel.
Eine Idee ist geboren. Wie wäre es mit einer Lesezeichen-Ausstellung in unserer Bücherei?
Ein Aufruf im Gemeindeblatt: Wer schenkt oder leiht uns Lesezeichen? Ein paar Anrufe bei Verlagen... Und schon füllt sich die nächste Schachtel.

Lesezeichen im Internet und bei ebay

Bei Wikipedia ist ein Lesezeichen ein „flaches Objekt, das als Einlegemarkierung verwendet wird. Ein Lesezeichen dient als Markierung im Buch, um die Stelle, an der der Leser pausiert hat, schneller zu finden."
Im Internet versteht man unter einem digitalem Lesezeichen „einen Link, der von einem Computerprogramm für schnelleren Zugriff auf gewisse, meist häufig besuchte Standorte im PC oder im Internet in einer Lesezeichen-Sammlung verwaltet wird. Lesezeichen helfen eine einmal gefundene Seite wiederzufinden."
Internet und ebay sind Fundgruben für Lesezeichen. Die meisten sind Werbeträger, aber es gibt auch Künstlerisches, Witziges und Skurriles. Nie gab es so eine Vielzahl!
Nette kleine Mitbringsel, die aber auch leicht mit der Post zu verschicken sind. Lesezeichen bekommt man meistens geschenkt, oft auch als Zugabe zum Buch. Manchmal weiß man gar nicht mehr wo man ein Lesezeichen her hat, dafür verschwindet wieder ein anderes.
Ollimolli, ein Ratgeber im Internet meint: „Je kostbarer das Buch, desto wertvoller das Lesezeichen, das man verwenden sollte." Er schlägt vor, dass es für den guten Roman ein handwerkliches Lesezeichen sein sollte, aus Gold, Leder oder Stoff – für Ta-

schenbuch-Mängelexemplar würde auch ein Notizzettel genügen.
Am häufigsten findet man im Internet Lesezeichen aus folienkaschierter Pappe mit Zierkordel. Für jeden Geschmack ist da etwas dabei. Sie sind künstlerisch gestaltet mit wunderschönen Motiven, die vor allem das weibliche Geschlecht ansprechen. (Weil sie sooo schön sind!) Manche sind mit Sprüchen oder Zitaten versehen.

Es gibt Lesezeichen für Leseanfänger: „Hier liest Franz Frechdachs", Lesezeichen für junge Fussballprofis, kleine Reiterinnen, Tierfreunde, Liebhaber für Märchen, Ballerinas, Lesezeichen für Liebhaber von Dinosauriern, Sternzeichen und und und ....
Magnetische Lesezeichen kann man bedrucken lassen, z.B. „Schluss mit der lästigen Frage: Auf welcher Seite war ich?"
Da werden „Giveaway-Lesezeichen" als Kundengeschenke angeboten versehen mit einem Werbeaufdruck. Es gibt Bändchen mit Holzwürmern, die wilde Mähnen tragen und jede Menge Vorschläge zum kreativen Gestalten von Lesezeichen: Gravieren, Stanzen Fotografieren...
Gewebte Lesezeichen aus der Türkei, die nicht knicken, Bücherklammern aus Metall zum Einstecken ....
Der Hang geht zum Ausgefallenem, zum Besonderen, das aber oft unpraktisch oder sperrig ist. Ein Metall-Lesezeichen in Axtform „HorrorThriller" genannt, besonders geeignet für Krimis und Thriller. Ich entdecke ein „Mords-Lesezeichen": Mann oder Frau, flachliegend, mit Messer im Bauch. Man kann sogar eine Blutlache aus dem Buch hängen lassen. Muss man das haben? Ich nicht! Aber über Geschmack lässt sich streiten ...
Da sind bunte Holzspatel mit ausgesägten Tierköpfen beklebt, Lesezeichen-Kalender (13 mal ein Lesezeichen), Lesezeichen-Briefkarten: Geschenk und Gruß in einem.

Als persönliche Geschenkideen gelten die Lesezeichen, die man selbst ausdrucken und mit Namen oder Fotos versehen kann. Kordeln mit Häkelblumen, Lesezeichen mit integrierter Lupe und witzige Loriot- Verwandlungsbilder vier Bilder untereinander (Kopf-Hundekopf- Nase- Knochen).

Auf einem Lesezeichen macht eine Kuh Yoga, ein Blechlesezeichen wirbt für Schokolade. Lesezeichen mit Mangafiguren und Glitzerfeen, Einstecklesezeichen aus Silber oder Emaille: Schmetterling, Ginkoblatt, Geckoschwanz...
Der neueste Trend sind dreidimensionale Wackel-Lesezeichen: Tanzende Skelette auf dem Friedhof, springende Delphine im Meer oder erblühende Rosenknospe am Strauch...
Nicht zu vergessen die bunten selbstklebenden Streifen (pastellfarben oder schrill), die sog. post-its, mit denen man mehrere Stellen im Buch kennzeichnen kann.
Manche Bücher haben noch die bewährten Lesebändchen. Fast schade bei dem großen Lesezeichenangebot.
Bei ebay kann man viele Lesezeichen ersteigern oder sofort kaufen. Es gibt fast alles, was das Herz begehrt. Und auch die Preisspanne ist immens. Selten und teuer sind uralte Lesezeichen aus gestanztem Papier oder Celluloid.

Virtuelles Lesezeichen - Museum

Lesezeichen hat man nie genug, behaupten die einen. Die anderen sind der Meinung: Lesezeichen sind im Grund überflüssig. Jeden Papierschnipsel kann man dafür verwenden.Über die ältesten Lesezeichen kann nur spekuliert werden.
Im Mittelalter sollen es schmale Pergamentstreifen gewesen sein. Im 18. Jahrhundert wurden schmale Seidenbänder eingebunden.
Lesezeichen, wie wir sie kennen gibt es erst ab Mitte des 19. Jahrhunderts. Die meisten sind aus Papier, Pappe, Seide, Metall oder Leder. Heute wird auf Lesezeichen hauptsächlich für Verlagserzeugnisse geworben.

Im Internet-Museum sind sie nach verschiedenen Gebieten aufgelistet. Ich klicke mich durch alle durch:
Kunst, Religion, Firmen, Werbung, 3.Reich, DDR, Medizin/Gesundheit, Serien, Verlage/Buchhandel/Bibliotheken, Konzerne, Geldinstitute/Versicherungen, Jahrhundertwende/Jugendstil, Persönlichkeiten, Stoffe/Seide, Ausland, Selbstgemachte Lesezeichen, Verschiedenes.

Die meisten Lesezeichen sind aus dem 20. Jahrhundert, haben nostalgische Bildchen und teilweise lustige oder moralische Reime und Sprüche.
Hier ein paar Kostproben von Werbetexten:

Geldinstitute:

Bekommst du Geld geschenkt mein Kind,
trag es zur Schulsparkasse geschwind.

Sparen Sie keinen Pfennig
Zu Haus im Strumpf
Und in der Tasse
Kommen Sie zu uns.

Drittes Reich:

Das Volk lebt im Buch
Was ist die höchste Pflicht,
die nie soll wanken?
Mutter danken!
*
Buch und Schwert – Sinnbild unserer Zeit
*
Das Buch
Ein Kraftquell der Nation

DDR:

Wir wollen in Frieden leben, lernen und arbeiten.
Drum sei ein Kämpfer für den Frieden
10 Jahre Friedensbewegung 1959
*
Je mehr man liest,
je mehr man lernt.

Die Hausfrau hat zum Lesen Zeit,
ROSEIFA steht ihr jetzt zur Seit.
(Waschpulver, Bohnerwachs, Schuhcreme)

Stoffe / Seide:

Wer klug und sparsam, denkt daran:
Es geht nichts über SCHLÜSSELGARN.

Buchhandel:

Nichts fesselt so, wie rororo
*
Dein bester Freund – ein gutes Buch
*
Die ganze Welt im Kinderbuch
Weltfestspiele der Jugend und Studenten 1973
*
Heute sieht auch Klein-Hanswurst
In das Buch voll Wissensdurst

Medizin / Gesundheit:

Milch getrunken in der Pause,
schmeckt noch besser als zu Hause.
*
Unser Jüngstes stellt sich vor,
wäscht das Haar mit Blendaflor
*

Der Dicke spricht: Das ist Kathreiner,
die anderen: Ja, so gut schmeckt keiner.

Verschiedenes:

An dieser Stelle schlief ich ein.

Lesezeichenfunde zu Hause

Dann stehe ich vor dem Bücherregal meiner verstorbenen Eltern, nehme das eine oder andere Buch heraus, lese abschnittsweise einige Stellen. Ich staune immer wieder über die Ausdruckskraft alter Schriftsteller. Dieses Buch will ich mir merken – vielleicht später... Wie viel Zeit bleibt mir noch, das eine oder andere zu lesen?
Wird von den Jugendlichen noch jemand Hesse, Rilke, Thomas Mann lesen?
Mit Sicherheit nicht mehr die dicken Schmöker; aber vielleicht kleine Sonderausgaben , wenn ein Dichter oder Schriftsteller einen besonderen Geburtstag hat. Wie z.B. Jean Paul – zu seinem 250. Geburtstag wird er wieder geehrt und neu aufgelegt, obwohl er nicht leicht zu lesen ist.
In den meisten Büchern meiner Eltern befinden sich Lesezeichen, um bestimmte Zeilen wiederzufinden, oder um anzumerken, bis zu welcher Seite sie gekommen waren. Ich blättere die Bücher durch, drehe sie um und schon fallen sie heraus. Die wenigsten sind Lesezeichen im herkömmlichen Sinn.
Am häufigsten: Probestreifen – schmale Fotopapierstreifen, mit denen mein Vater die Bildqualität seiner Fotos überprüfte, bevor er vollständige Bilder machte. Zum Wegwerfen fand sie meine Mutter zu schade.
In einer alten Bibel ein wertvolles buntes Stanzbildchen. Es ist mit Stoff hinterlegt und zeigt Jesus, den

Auferstandenen. Schon als Kind habe ich es oft ehrfürchtig bewundert.
Jede Menge Holzschnitt- Bilder von Ludwig Richter.

Drei Rezepte – zwei sind Zeitungsausschnitte:
Die Leibspeise „Rote Grütze" von Exkanzler Helmut Schmidt, ein knuspriger Entenbraten und auf einem Zettel in deutscher Schrift ein Erdbeerdessert.

*

Eine alte Bestellkarte für Hardy-Schokolade, u.a. für „Hardy-Edel-Vollmilch-Eidotter"

*

Ein Tischkärtchen mit einem gemalten Alpenveilchen

*

Viele Blätter von Abreisskalendern – eines vom 1926!

*

Ein Zettel mit Stenoschrift – wer kann das noch lesen?

*

Ein Andachtsblatt von 1954

*

Kärtchen mit Scherenschnitten

*

Ein Konzertprogramm von Bamberg

*

Eine uralte Rechentabelle mit dem Einmaleins

*

Eine Einladung zu einer Evangelisation von 1966

*

Ein Weihnachtsstern aus Stroh

*

Eine Geburtstagskarte, 70 Jahre alt
Eine Kopie mit einem griechischen Text – Probearbeit?
*
Flyer von Verlagen, die andere Bücher mit kurzen Inhaltsangaben vorstellen
(Rowohlt, Brockhaus , Kosmos, Toussaint-Langenscheid....)

Ein kleiner Bogen Geschenkpapier
*
Zeitungsauschnitte, zum jeweiligen Buch passend:
Albert Schweitzer, Helmut Thielicke, Ina Seidel...
*
Wenn ein Buch verfilmt wurde: ausgeschnittene Bilder aus Illustrierten und TV-Programmen:
„Die Barrings" mit Dieter Borsche, „Jauche und Levkojen", „Mädchen in Uniform" mit Romy Schneider, „Königin Luise", „Die Brücke"...
*
Ansichtskarten...
*
In manchen Büchern Zettel, auf denen meine Mutter die Bedeutung von Fremdwörtern aufgeschrieben hatte, die in dem jeweiligem Buch vorkamen: z.B.
vulgär – gemein, gewöhnlich, ordinär
*
Papierstreifen mit aufgeklebten Blumen- und Landschaftsmotiven
*

Lesezeichenfunde in Büchereien

In unserer Bücherei ist das Aussortieren von alten und zerlesenen Büchern angesagt. Zwei große Kartons stehen bereit: Flohmarkt – Altpapier. Bücher mit dem Kommentar„Die liest ja doch keiner mehr", wandern zum Altpapier. Ein Satz, der mir immer weh tut. Bücher mit dem Kommentar: „Könnte vielleicht noch jemand interessieren" kommen in den Flohmarktkarton. Anfangs fällt uns die Entscheidung schwer, dann geht es immer schneller und die Kartons füllen sich zusehends. Beim flüchtigen Durchblättern fällt ab und zu etwas aus den Büchern: Zettel, Lesezeichen, aber auch manches andere, was mit: „Also, was die Leute so alles in die Bücher stecken", kommentiert wird. Halt, was am Schluss am Boden liegt, kommt nicht zum Altpapier, noch nicht. Das kommt in einen kleinen Extrakarton. In den nächsten Tagen blättere ich auch noch viele Bücher in den Regalreihen unserer Bücherei durch. Auch hier werde ich fündig: Lesezeichen, Buchreklamezettel und wieder manches, was eigentlich nicht in ein Buch gehört. Hier einige Funde:

Ein Abholzettel von Photo Porst. Datum 17. 8. 99. Ob es Urlaubsfotos aus Italien waren? Ob sie der vergessliche Leser trotzdem noch in sein Ferienalbum kleben konnte?

*

Ein milde lächelnder Papst Johannes Paul II. In wie vielen Büchern wird er wohl noch stecken?
*
Einladung zur Zeltkerwa nach Hungenberg. „Beheiztes Festzelt, „Krach Fürchterlich" mit den Schlawinern der Volksmusik
*
Ein Briefkuvert von 1965, Briefporto 40 Pfennig. Auf der Rückseite eine Liste mit diversen Weinen und Preisvermerken. An erster Stelle: Schloss Wachenheim – trocken – Jubiläumsabfüllung 8,80 DM.
*
Eine leere zusammengedrückte Verpackung für 50 Blatt Zigarettenpapier „Cherokee"
*
Eine Ansichtskarte (Briefmarke wurde nicht gestempelt, mit noch 4-stelliger Postleitzahl), auf der der Schreiber erwähnt, dass es im spanischen Lloret de Mar etwa 6o Diskotheken gibt.
*
Ein Buchzeichen mit dem Aufdruck: „Denn dieser Tag kommt nie nie wieder!" (Rosa Luxemburg)
*
Ein Zettel mit einer Telefonnummer und dem Stempel eines Uhren- Optik- Schmuck- Geschäftes. War die teuere Konfirmationsuhr bei der Reparatur oder der Verschluss von Omas Halskette?
*
Ein Sterbebildchen: Auf der Vorderseite eine untergehende Sonne. Herr H. - wurde 75 Jahre alt - wird

sie nie mehr sehen. Den leiblichen Genüssen schien er nicht abgeneigt gewesen zu sein, dem Foto nach zu schließen.

*

Ein Gutschein für eine Wagenwäsche im Wert von 5 Euro. Ob er heute noch gültig ist?

*

Ein Wochenkalenderblatt von 1950. Auch damals war man schon schönheitsbewusst: Der Drogist bietet auf der Rückseite Spezialmittel gegen Mitesser, Pickel, ... Fuß- Achsel- Handschweiß und lästige Körperbehaarung an.

*

Ein altes Faltblatt vom Versandhaus Beate Uhse: Erotik- und Sexspielzeug. Auf dem Bestellschein ist ein Rammelring zu 9.90 DM eingetragen. Hat Werner S. damals vergessen die Karte wegzuschicken? Oder hat er lieber ein Buch gelesen?

*

Ein Gewinnspielschein aus dem Jahr 2004. Frau Johanna M. hat auf die Möglichkeit eines Gewinnes im Wert von 50 000 Euro zu erhalten verzichtet, obwohl eine Sofortmeldung dringend erwartet wurde. Was hätte sie wohl mit ihrem Gewinn gemacht? Eine Weltreise? Ein neues Auto?...

*

Ein Blatt mit dem abgetippten „Sonnengesang" von Franz von Assisi.

*

Die kleine Johanna wünscht „Frohe Ostern" mit einem selbstgemalten Hasen
*
Ein alter Negativstreifen von einem Film. Zu erkennen ist ein Flugzeug"Air France"
*
Zwei Sammelbildchen von Köllnflocken. Serie: Gut Freund mit Tieren und Im Reich der Blumen
*
Eine Karte mit einer trällernden Conny Froboes aus dem Jahr 1961
*
Eine gemalte Karte vom Wochenmarkt: Der Käufer überlegt: Will ich lieber 1 Pfund Äpfel kaufen oder nur zwei Äpfel und schielt dabei auf das dralle Dirndloberteil der Verkäuferin. Die Karte stammt von 1978. Adresse Altersheim!
*
Eine Serviette: Hotel Deutsches Haus – Bodenweiler im Weserbergland
*
Ein Dankeschönbildchen für eine Kommunionspende „Fußwaschung"
*
Sechs Kontoauszüge von 2008
*
Schulnotizen: Hitlers Machtergreifung
*
Ein Bierfilz: "Der Augenblick ist zeitlos"
(Leonardo da Vinci)

Ein Kindergemälde „Wendys Pferd Dixie" – gemalt von Susanne für Eva

*

Ein gepresstes Pfingstrosenblatt

*

Eine polnische Telefonkarte: Gelbe Küken am grünen Telefon, Telekommunikacja Polska

*

Eine Fußball-Karte von Thomas Müller, Jahrgang 1989 - (ihm gefällt: gegrillte Garnelen, Kino und reiten; ihm gefällt nicht: Stress, Medienrummel bei Oma)

*

Ein alter Aufkleber: Frohe Weihnacht!

Eine Anleitung für ein ferngesteuertes Auto „Bronco"

*

Eine Einzugsermächtigung

*

Ein Dankgebet nach der Hl. Beichte

*

Eine gepresste Rose

*

Eine Quittung: Hard Rock Cafe San Fransisco 1995 2 mal Standart Tee, je 31.00

*

Ein leeres Tütchen Vanillepulver

*

Eine Büroklammer

Eine Visitenkarte
*
Eine Vogelfeder (Eichelhäher)
*
Ein Wollfaden
*
Eine Buchseite: Werbung für Mädchen – und Jungenbücher aus dem Göttinger Verlag
*
Eine Leseklammer aus Plastik in Herzform
*
Ein Wollfaden
*
Ein Bonbonpapier
*
Ein Lineal aus dünnem Kunststoff

Dann frage ich in anderen Büchereien nach kuriosen Funden:
*
Briefmarken
*
Schilddrüsentabletten von einem Kind
*
Ein Deckel eines Quarkbechers (mit angetrockneten Resten)
*
Eine leere Kondomverpackung
*
Geldscheine (meist 10 DM)

Eine Spielkarte aus einem Quartett
*
Arztrezepte
*
Eine Stricknadel
*
Ein Grashalm
*
Eine Nagelfeile aus Pappe
*
Ein Trinkhalm
*
Ein Pflaster
*
Briefe
*
Eine EC-Karte
*
Ein Blatt Klopapier (oft)

Kinder-Halskettchen
*
Ein Brillenputztuch
*
Ein altes Bildchen: Hl.Jungfrau Agatha, Märtyrerin
*
Einkaufszettel
*
Ein Kamm
*

Eine Steifenkarte für die U-Bahn
*
Eine Todesanzeige
*
Haarklemmen
*
Gepresste Kleeblätter
*
Ein Kaugummistreifen
*
Ein Preisschild 19.90 Euro
*
Kassenzettel
*
Samentütchen
*
Freundschaftsbändchen

In einer Bücherei gibt es einen Tisch, an dem jeder vorbeigehen muss, wenn er die Bücherei verlässt. Dort liegen die Funde aus den abgegebenen Büchern. Das letzte Mal lagen da:

ein Schnürsenkel
*
ein Brillenetui aus Stoff
*
drei Tempo-Taschentücher

ein Bücherei-Ausweis
*
eine rote Kordel und vier Passfotos.
*

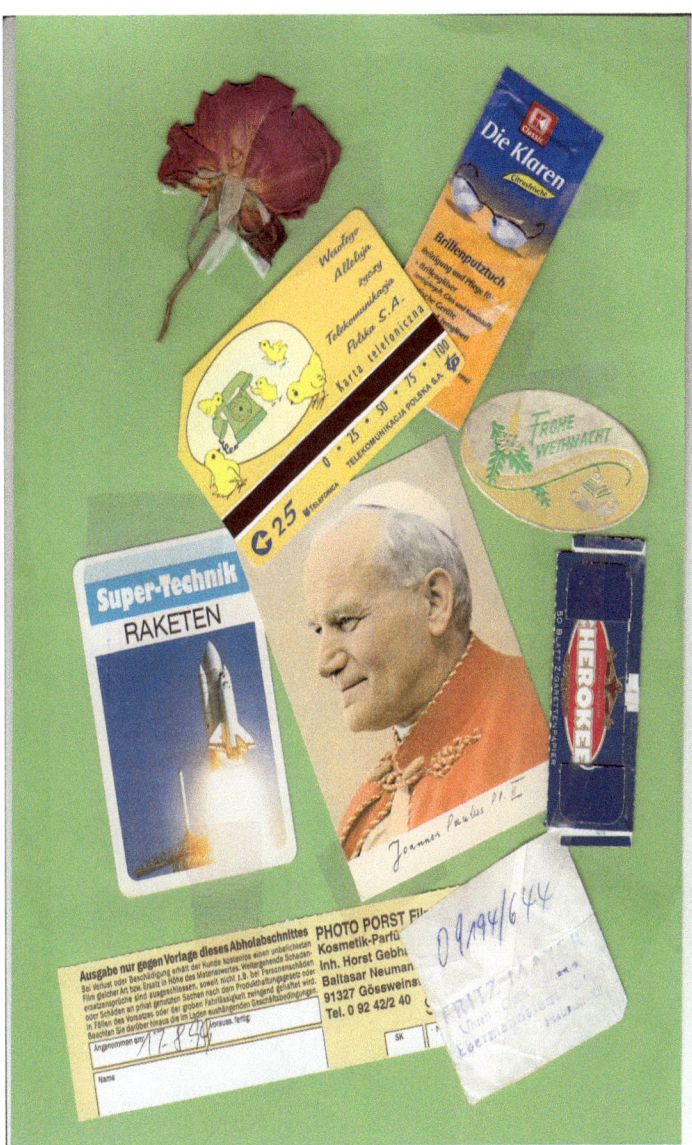

Selbstgemachte Lesezeichen

Von Christel Süßmann stammt das nette Gedicht, das schon manches „Was soll ich wem zu Weihnachten schenken" recht kostengünstig gelöst hat:

Was werden wir schenken?

Was schenken wir Mutter?
Ein seidenes Tuch!
Was schenken wir Vater?
Ein kluges Buch!
Was schenken wir Peter?
`nen hölzernen Schimmel!.
Das Baby im Körbchen
bekommt eine Bimmel.
Was kriegt unsre Oma?
Ich glaub sie liebt Seife!
Und Opa bekommt
guten Tabak zur Pfeife.

Und Ruth, das Kusinchen,
bekommt ein Kaninchen
aus zartweißer Wolle
und Karlchen „Frau Holle"
mit bunten Bildern,
die das Märchen schildern.
Für Tante Sabinchen
gibt`s süßes Konfekt

denn sie hat schon immer
so gerne geschleckt.

Wir schlachten das Sparschwein,
das ist ja nicht schwer,
und zählen die Zehner:
drei Mark und nicht mehr!

Das wird wohl nicht reichen!
Was kann man bloß machen?
Am besten aus Farbe und Bast
schöne Sachen!

Drum woll`n wir die ganze
Geschenkliste streichen
Und machen für alle - Lesezeichen.

Dieses Gedicht trugen Erstklässler auf einer Weihnachtsfeier vor. Jedes Kind zeigte zuerst den geplanten Gegenstand. Am Schluss hielten alle stolz ein selbstgemachtes Lesezeichen in der Hand. Zugegeben, selbst gemachte Lesezeichen sind nicht gerade „wahnsinnig in" zur Zeit. Mittlerweilen befinden sich in meiner Sammlung doch etliche schöne Exemplare, alte und neue.
Das Schöne daran. Jeder, aber fast jeder kann Lesezeichen brauchen. Kein unnötiger Aufsteller, kein Staubfänger, etwas, das sich im Buch klein macht, sich immer wieder zeigt und einen guten Dienst erweist.

Und schon die Kleinsten können Lesezeichen herstellen. Je nach Alter und Zeitaufwand. Immer mit lieben Erinnerungen verbunden: „Schau mal, das Lesezeichen hat mir meine Freundin gestickt!" „Kannst du dich erinnern, dieses schöne Lesezeichen hast du mir gebastelt, als du fünf Jahre alt warst."
Ein selbstgemachtes Lesezeichen ist einmalig- ein Unikat! Auch jetzt noch - und im Medienzeitalter von vielen ganz besonders geschätzt! Eine kleine Kostbarkeit, ähnlich wie ein handgeschriebener Briefgruß.

Vorschläge für selbstgemachte Lesezeichen:
- gemalte Blumenmotive
- aufgeklebte, gepresste Blumen
- geflochtene Papierstreifen
- gestickte Muster und Figuren
- gehäkelte Schnur mit Blüte
- Straminstreifen mit durchgezogenen bunten Fäden
- Klebearbeiten
- Kreuzstichmuster
- Pappstreifen mit Fotos
- Streifen mit Reimen oder Aphorismen und und und ...

Glücksmomente

Beim Abstauben fällt ein uraltes Kinderbildchen aus einem Buch, heißgeliebt. Kaffeetafel unterm Birnbaum.

*

Im Hochsommer taucht ein 10 DM Schein zwischen den Seiten des Telefonbuchs auf. Oh, ein vergessenes Osterversteck für den Sohn.

*

Ein englisches Liebesgedicht, handgeschrieben, von dem ich nur den ersten Vers noch kenne; jetzt finde ich es unerwartet in Bölls: „Ansichten eines Clowns".

*

Eine Liebeserklärung von 1927: „Ich muss es dir doch auch schriftlich sagen, dass ich nun dein bin, nicht für sieben Jahre, sondern für immer und dass ich es von ganzem Herzen bin."
Meine Mutter an meinen Vater. Konnte so einen Beziehung scheitern? Nein, konnte sie nicht!

*

Eine Filmstarkarte von Sabine Sinjen: Für Geli mit herzlichen Grüßen, Deine Sabine Sinjen .
Was war ich damals glücklich!

*

Beim Staubsaugen unterm Bett kann ich es gerade noch retten: das lustige Lesezeichen von Bär, Nilpferd und Giraffe, die gemütlich im Etagenbett lesen. Vielleicht sollte ich öfters sauber machen?

„Du bist wunderbar", hat Freundin Helga auf die Rückseite eines Scherenschnitt-Lesezeichens (Plischke) geschrieben. Den Anlass weiß ich zwar nicht mehr, trotzdem nachträgliche Freude.

*

Ganz aktuell: Auf dem Geburtstagstisch liegt ein Buch: „Lesezeichen sammeln". „Volltreffer", sage ich beglückt zu meinem Mann, der meine plötzliche Vorliebe für Lesezeichen natürlich bemerkt hat.

*

Aus dem Buch: „Soweit die Füße tragen", rutscht ein zusammengefaltetes Stück Seidenpapier heraus. Meine Mutter hatte es über eine Landkarte von Russland gelegt. Mit Buntstiften hatte sie den Weg des Soldaten nachgezeichnet, der aus der Kriegsgefangenschaft geflohen war. Ich betrachte es gerührt. Das war die „Generation Lesen".

*

Im Internet google ich bei „Lesezeichen" und finde zuerst virtuelle Lesezeichen bei windows und dergleichen. Doch dann entdecke ich das virtuelle Lesezeichen – Museum. Für die nächsten Stunden gehört der Laptop mir!

*

„Der Herr wird dich immerdar führen" steht auf einem grünen Stoff-Lesezeichen, das ich in mein Tagebuch steckte. Silvester 1963 in der Jugendstunde. Jeder durfte sich damals ein Lesezeichen ziehen. Es gab so viele Fragen und Unsicherheiten. Da kam dieser Spruch gerade recht.

Eine liebevoll, handgemalte Weihnachtskarte eines benachbarten Pfarrers in einem alten Geschichtenbuch. Ein kleines Kunstwerk! Wie lange mag er dafür gebraucht haben?

*

Mein Lieblings-Lesezeichen aus Kindertagen bei eBay: Ein afrikanisches Mädchen (wir sagten damals Negerlein) mit buntem Franzenrock und einem Buch in der Hand – Augen und Mund waren ausgestanzt, zog man an einer Lasche wurden die Augen sichtbar und das Kind streckte die Zunge heraus: Ätsch, ein Schneider-Buch! Was man sich damals selbst nicht traute, mit diesem wundervollen Lesezeichen durfte man es. Rassistisch würde man dieses Lesezeichen heutzutage nennen.

*

Im Trödelladen erstehe ich ein altes gestanztes Einsteck-Lesezeichen aus Papier für 6 Euro. Der alte Besitzer hat es sehr geschont oder nie verwendet. In meinen Buch: „ABC des Luxuspapiers" ist es abgebildet: Ende des 19. Jahrhunderts!

*

Im Gedichtband: ein gepresstes Ahornbaumblatt ohne Stiel. Mein Lieblingsbaum im Garten. 1965 musste er gefällt werden. Meine Mutter schickte mir das Blatt als Trost. Wie schön, dass es noch da ist!

*

Ein ausgeschnittenes Herz mit einer Notenzeile, darunter der Text: „ Ein neues Kleide, zur Lust und Freude". Der Kleiderkauf ein oder zwei Mal im Jahr waren besondere Ereignisse bei meiner Mutter. Oder hatte die Schneiderin eines angefertigt, das besonders hübsch ausgefallen war?

*

Eine zweckentfremdete Konfirmations-Dankeskarte. Darauf abgeschriebene Zeilen aus dem Buch „Junge Liebe". „Pochendes, tobendes Glück.... In ihrem Kuss das ganze herrliche Gefühl ihrer Jugend, den Schwur des Nicht-mehr von-einanderlassens,...Sie fanden keinen Abschied"....
War so die Liebe? Bücher waren damals unsere Aufklärer.

*

Ein altes Kinderfoto der großen Schwester, das im Fotoalbum schon so lange fehlt...

*

Eine Konzertkarte vom 26. 1. 1965 – Kongress-Saal Deutsches Museum in München. Eine alte Dame aus dem Wohnstift war verhindert und schenkte mir ihre Karte. Reihe 12, Sitz 4 – ein. Highlight im Studentenleben. Tschaikowsky: Sinfonie Nr. 5 – herrlich!

*

Ein Zettel mit japanischen Haikus, abgeschrieben von einem geliehenen Buch.

*

Das verirrte Kind
Weint und weint und hascht dabei
Nach dem Glühwurm doch.
(Yoshida Rynsni)

Einem, der ihn brach,
schenkt er dennoch seinen Duft
Pflaumenblütenzweig.
*
Im Antiquariat schenkt mir der nette Buchhändler
seine gefundene Schätze aus alten Büchern.

Kleine Lesezeichengeschichten

Die Bombe

„Schau mal, dieses Lesezeichen hat mir heute ein Schüler geschenkt. Ungewöhnlich, ein schwarzer Luftballon aus Papier mit einem Schnürchen. Luftballons sind doch immer bunt." Mein Mann war amüsiert. „Das soll auch kein Luftballon sein. Das ist eine Bombe!" Gut, dass ich mich nur vor ihm blamiert habe. Da war der Schüler schlauer als seine Lehrerin.

„Ich kann lesen"

Am Telefon frage ich meine Freundin. „Ingrid, hast du ein Lieblingslesezeichen?" „Hab ich", sagt sie spontan."Es steht auf meinem Bücherregal und motiviert mich für meinen Unterricht." Ingrid ist Sonderschullehrerin. Das Lesezeichen ist von Unicef: Ein indisches Mädchen hält lächelnd eine Lesemappe an sich gedrückt. Darunter steht: Danke! Und auf der Rückseite: „Ich bin glücklich, dass ich jetzt lesen kann!" Was für eine schöne Botschaft! Noch dazu, wenn sie von einem indischen Kind kommt, in dessen Land es ein Privileg ist als Mädchen lesen lernen zu dürfen. Dieses Lesezeichen muss ich auch haben. Ingrid schickt es mir leihweise und eine nette Dame am Telefon bei Unicef setzt sich dafür ein, dass es ein paar Tage später in meinem Postkasten liegt, zusammen mit einigen von ihren eigenen Lesezeichen. Ich freue mich riesig.

Ich erinnere mich an meine Erstklässler. Damals machte für alle einen Lesepass mit Schulstempel und Leseraben-Bild. Wie stolz waren sie, wenn sie ihn bekamen!

Die Einladungskarte
Beim Lesen klingelt das Telefon. Seite 48 merken! Oder, wo ist schnell was zum Reinlegen? Da, das Briefkuvert. „Hallo, Gisela, wie schön von dir zu hören. Du ich muss dir was Wichtiges erzählen"...
Am Abend ein verzweifelter Ehemann. „Ich kann meine Einladungskarte nicht finden. Ich weiß genau, dass ich das Kuvert auf den kleinen Tisch gelegt habe." „Du, ich helf dir suchen. Ich glaub, ich weiß, wo es sein könnte"...
„Danke, danke, ich muss weg. Bist ein Goldschatz!" Das ging ja glimpflich ab!

Der große Fund
Frau Weiß aus dem Antik- und Trödelladen erzählt: „Einmal kaufte ich einer Kundin einen ganzen Stoß alter Bücher ab, den sie zu mir in den Laden brachte. Als ich die Bücher drei Tage später einsortieren wollte, entdeckte ich in einem Buch einen kleinen Stapel Geldscheine: 800 DM!
Natürlich wollte ich das Geld nicht einfach behalten. Ich kannte aber die Frau nicht mit ihrem Namen. Aus dem Gespräch wusste ich nur die Straße. Richtige Detektivarbeit habe ich damals geleistet! Die ganze Straße habe ich abgeklappert und nach der Frau

gefragt. Und ich habe sie gefunden! Wie die sich gefreut hat! Sie wusste, dass ihr verstorbener Mann noch irgendwo Geld aufgehoben hatte. Aber in einem Buch? Und so viel? Mit ihren Kindern wollte sie demnächst verreisen. Wie gut konnte sie das Geld dafür brauchen. Einige Wochen kam die Frau wieder in meinen Laden und bot mir einen wunderschönen Biedermeierschrank zu einem günstigen Preis an. Da war die Freude auf meiner Seite."

Das ganze Leben
Das Lieblings-Lesezeichen von meinem Mann beeindruckt mich sehr. Es stellt die Evolution dar. Auf der einen Seite sind in kleinen Bildern und Zahlen die Erdzeitalter abgebildet, auf der anderen Seite die Entwicklung des Lebens: Ganz zum Schluss erst hat der Mensch seinen Auftritt. Das Lesezeichen regt zum Staunen an und vermittelt eine wichtige Botschaft: Die Natur kann ohne den Menschen existieren, aber der Mensch nicht ohne die Natur! Wann werden wir uns danach richten mit unserem Handeln?

Das Konzertprogramm
Besuch bei einer Freundin: „Guck mal, was ich letzte Woche zufällig in einem Buch gefunden habe!" Gespannt überreiche ich ihr ein grünes Faltblatt: „Jugend musiziert" – Schülerkonzert vom Jahr 1960. „Da hast du eine Klaviersonate gespielt." „Ach, das ist ja toll! Also doch Haydn!

Ich hatte früher mit meinem Bruder gewettet, es wäre Beethoven gewesen. Leider haben wir es damals nicht entscheiden können. Jetzt steht es hier. Schwarz auf weiß, bzw. schwarz auf grün. Juhu, ich habe eine Tafel Milka/Nuss gewonnen!"

Die Aufkleber
Nach einer Lesung im Frauenkreis kaufen vier Frauen ein Buch. Zu Hause beim Aufräumen suche ich mein eigenes Buch vergeblich. Da kommt mir ein Verdacht. Sicher hat eine Frau aus Versehen mein eigenes Buch erwischt. Das mit den vielen kleinen post-its, kleine Merkhilfen zum Erzählen beim Vorlesen: „Wodka, quaken , Satan, Rotkäppchen, Flüchtling, Eimer, rote Schuhe, unzerbrechlich"...Drei Frauen kenne ich mit Namen. Beim dritten Anruf habe ich Erfolg. „Ja, ich habe ihr Buch" lacht sie und ich weiß auch, warum die kleinen gelben Wortstreifen drin sind und was sie bedeuten."

Hieroglyphen
Im Urlaub am Roten Meer werden wir in einen Papyrus-Laden gebeten. „Geschenk, Geschenk", lockt ein geschäftstüchtiger Ägypter. Er zeigt uns eine Tafel mit dem ägyptischen Alphabet. Jeder Buchstabe wird durch ein Bild dargestellt. Dann will er unsere Vornamen wissen. Auf die Rückseite eines Papyrus-Streifens mit dem Alphabet und dem jeweiligen

Sternzeichen malt er mit Tusche und Feder die Bildzeichen für unsere Namen.
„Lesezeichen - Geschenk von mir, kost nix", lacht er. „Und das bitte kaufen! Und eilfertig schleppt er Kalender und gerahmte Bilder herbei.

Zweckentfremdet

Ein guter Bekannter bringt mir von einer Reise ein orientalisches, gewebtes Lesezeichen mit. Dabei ein kleingeschriebener Text: „Für was auch immer Sie dieses Lesezeichen zweckentfremden mögen, es ist bis zu 40 Grad waschbar".
Eigentlich soll es sich „zwischen die Seiten geschriebener Träume schmiegen und mit orientalischen Flair die Stimmung meiner Fantasie veredeln".
 Als Läufer in meinem Puppenhaus macht es sich jedenfalls gut.

Ungewöhnliche Funde

Bei einer Haushaltsauflösung fand Herr Böhm in einer alten Bibel einige Millionen. Leider uraltes, ungültiges Kriegsgeld.
Und seine Frau entdeckte in einem Buch vom Flohmarkt Lebensmittelkarten aus dem 2. Weltkrieg: 100 g Mehl...

Maikäfergeschichte

Freund Winfried leiht mir sein altes Kinderbuch für eine Buchausstellung. Beim Durchblättern finde ich einen vergilbten Zeitungsausschnitt. Irgendetwas mit Fußball, meine ich enttäuscht.

Doch beim Umdrehen des Zettels entdecke ich eine „reizende Maikäfergeschichte, die uns der zehnjährige Winfried geschickt hat", so der Zeitungsredakteur.

Die Geschichte handelt von „Schlupf", dem Maikäfer, der in einer Schachtel gefangen wurde. Am Schluss der Geschichte feiert er mit seinen Maikäferfreunden „Summ", „Brumm", „Zupf", „Rupf", „Pump", „Surr", „Krabbler", „Zappler" und „Schnurr" ein frohes Wiedersehen.

Winfried strahlt als ich ihn mit dem Zufallsfund überrasche. „Sag bloß, du hast meine alte Kindergeschichte gefunden! Was war ich doch kreativ vor fünfzig Jahren".

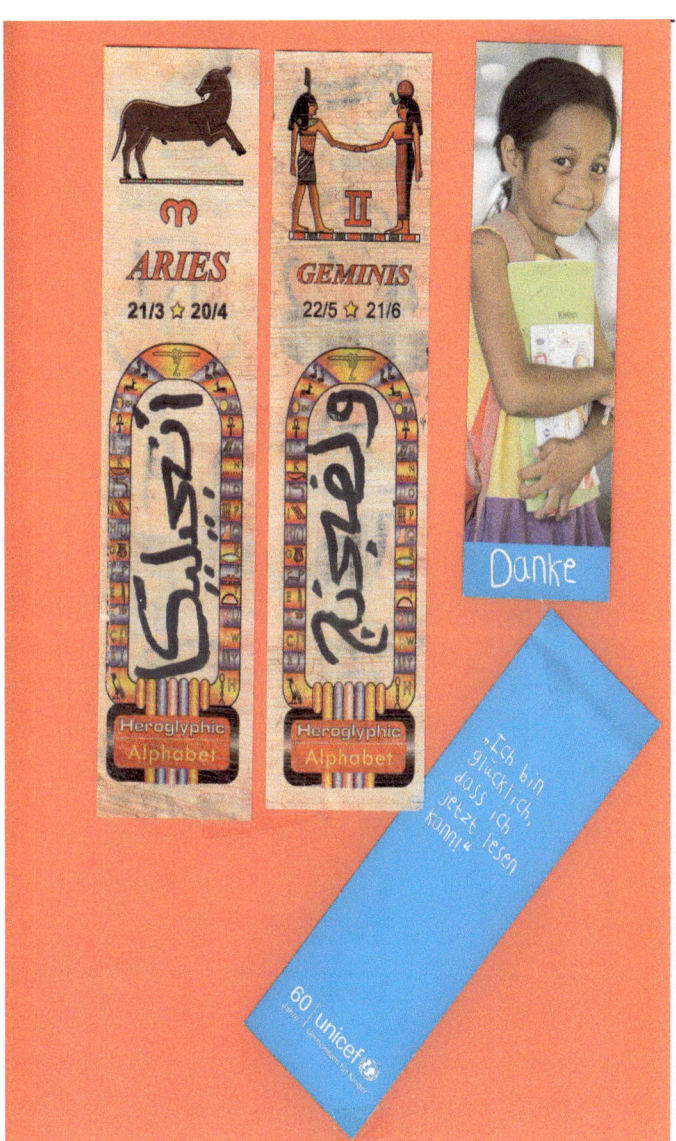

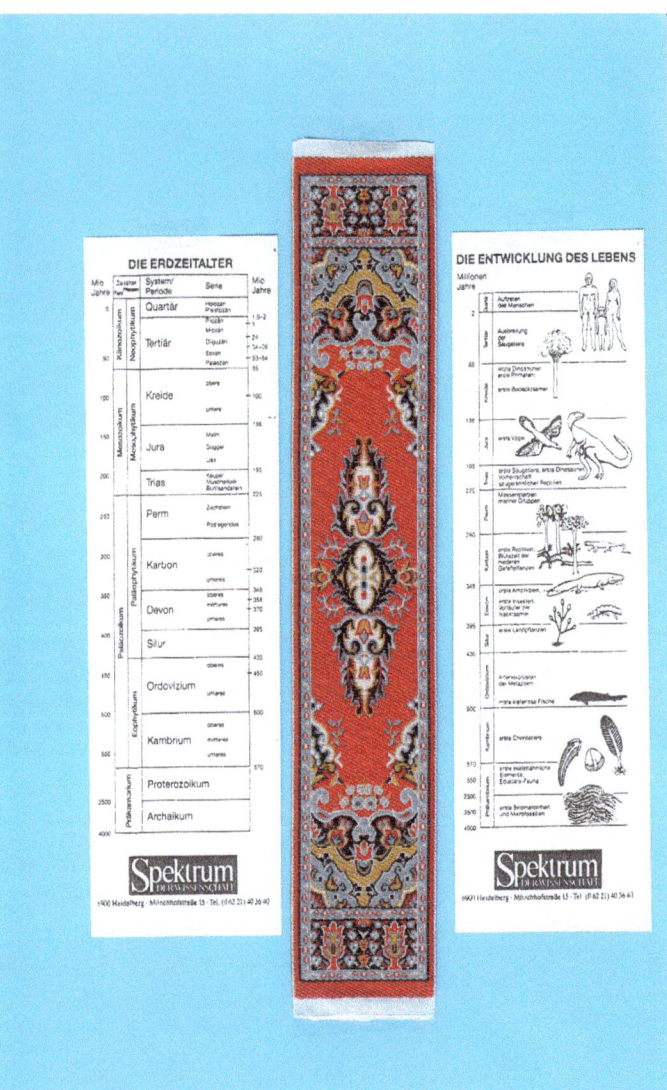

Lesezeichenzitate

Es gibt kaum eine Botschaft, die sich nicht über Lesezeichen transportieren lässt. Ich beschränke mich hier auf Botschaften, die mit Büchern und Lesen zu tun haben:

Wer nicht liest, lebt nicht.
*
Vorsicht! Lesen gefährdet die Dummheit!
*
Vorsicht! Lesen könnte Sie schlauer machen!
*
Ein Leben ohne Bücher ist wie ein Körper ohne Seele (Cicero).
*
Kein Schiff trägt uns besser in ferne Länder als ein Buch.
*
Ein Buch ist wie ein Garten, den man in der Tasche trägt (Arabische Weisheit).
*
Du kannst kein Buch öffnen, ohne etwas daraus zu lernen (Chinesisches Sprichwort).
*
Es gibt Bücher, die uns in einer einzigen Stunde mehr erleben lassen, als das Leben uns in zwanzig Jahren gewährt (Oskar Wilde).
*

Bücher sind kein geringerer Teil des Glücks (Friedrich der Große).
*
Bücher lesen heißt, wandern gehen in ferne Welten, aus den Stuben, über die Sterne (Jean Paul).

Du öffnest die Bücher und sie öffnen dich (T. Aitmatov).
*
Bücher sind nur dickere Briefe an Freunde
*
Ein Buch, das man liebt, darf man nicht leihen, sondern muss es besitzen (F. Nietzsche).
*
Die Welt ist ein Buch, und wer nicht reist, liest davon nicht eine einzige Seite (Augustinus Aurelius).
*
Der Leser hat`s gut; er kann sich seine Schriftsteller aussuchen (Kurt Tucholsky).

Schluss

In jede Stadt, in die ich komme, durchforste ich
Buch- und Geschenkläden nach Lesezeichen.
Es gibt die üblichen kostenlosen Lesezeichen, die
für Bücher werben und nur wenige herkömmliche
aus lackierter Pappe. Zur Zeit nicht so gefragt, erklärt man mir. Dafür werden viele Einsteckklammern, Metall- und Magnetlesezeichen angeboten.

Aus Kinderbüchern hängen bunte Kordeln mit kleinen Gummifiguren oder Perlen.
Aus einem Buch lugt ein schwedischer Elch aus
braunem Leder heraus.
Und dann schaut mich ein **S c h a f** auf einem Papp-Lesezeichen treuherzig an. Darunter steht der Text:
„Bis hierher **g e s c h a f t**!"

Ich muss schmunzeln und bin wieder ganz zuversichtlich. Mir fällt der Radiobericht ein, den ich vor
kurzem hörte. Das Buch sei auch weiterhin auf dem
Vormarsch, hieß es da. Auch im digitalem Zeitalter,
auch wenn sich das e-Book immer mehr verbreitet.
Vor allem Kinder würden nach wie vor Bücher lieben und lesen. Danke kids!
Zusammen werden wir es auch weiterhin
„**s c h a f e n**",
wir alle, die wir Bücher lieben und mit ihnen die
schönen „flachen Objekte", Lesezeichen genannt.